CHEMINS DE FER DE L'ÉTAT.

RAPPORT

AU PRÉSIDENT DE LA RÉPUBLIQUE FRANÇAISE.

DÉCRETS ET RÈGLEMENT

CONCERNANT L'INSTITUTION D'UNE

CAISSE DE RETRAITE

EN FAVEUR DES AGENTS ET EMPLOYÉS DES CHEMINS DE FER DE L'ÉTAT.

PARIS.

IMPRIMERIE NATIONALE.

1892.

CHEMINS DE FER DE L'ÉTAT.

RAPPORT

AU PRÉSIDENT DE LA RÉPUBLIQUE FRANÇAISE.

DÉCRETS ET RÈGLEMENT

CONCERNANT L'INSTITUTION D'UNE

CAISSE DE RETRAITE

EN FAVEUR DES AGENTS ET EMPLOYÉS
DES CHEMINS DE FER DE L'ÉTAT.

PARIS.
IMPRIMERIE NATIONALE.

1892.

RAPPORT

AU PRÉSIDENT DE LA RÉPUBLIQUE FRANÇAISE.

Paris, le 12 janvier 1883.

Monsieur le Président,

Parmi les questions relatives à l'amélioration du sort des agents et employés de chemins de fer, l'une des plus importantes est celle qui concerne l'institution et le fonctionnement des caisses de retraite.

L'Administration des chemins de fer de l'État, soucieuse de donner à cet égard satisfaction au nombreux personnel qu'elle emploie, avait eu soin, au lendemain même de la prise de possession des lignes rachetées, de fixer, par un ordre de service intérieur, les conditions dans lesquelles seraient réglées les pensions de retraite de ses agents; mais, depuis lors, sur l'invitation de mon département, elle a substitué à cet ordre de service un règlement plus complet, dont voici les principales dispositions.

La dotation de la caisse est assurée, principalement, au moyen d'une retenue de 5 p. o/o opérée chaque mois sur le traitement fixe de l'agent et par une subvention égale fournie par l'Administration des chemins de fer de l'État.

Les retenues personnelles à l'agent lui sont remboursées en cas de démission ou de révocation survenue avant qu'il eût droit à la retraite; la pension est fixée à la moitié du traitement moyen des six dernières années et peut même atteindre les trois quarts de ce traitement, sans pouvoir toutefois dépasser un maximum de 6,000 francs ; elle est reversible par moitié sur la tête de la veuve de l'agent ou de ses enfants mineurs ayant moins de dix-huit ans, et cette reversibilité est de droit, alors même que l'agent décéderait avant d'avoir pu obtenir la liquidation de sa pension ; en outre, l'employé, au moment de sa retraite, a la faculté de retirer le capital provenant des retenues par lui subies, tout en conservant la *moitié* de sa pension : cette mesure constitue une heureuse innovation, qui sera certainement très appréciée ; enfin, et c'est là une garantie particulière sur laquelle je ne saurais trop insister, la caisse des retraites est administrée par une commission de cinq membres nommés chaque année et choisis, trois parmi les administrateurs des chemins de fer de l'État et deux parmi les agents, qui pourront ainsi participer directement à la gestion de leurs intérêts.

J'ajouterai que le personnel, consulté à diverses reprises, a reconnu tous les avantages du nouveau règlement, dont il attend impatiemment l'application.

Ce règlement est en effet conçu dans un esprit aussi libéral que possible ; il répondra, je n'en doute pas, aux préoccupations qui se sont fait jour dans les récentes discussions du Parlement, et je crois pouvoir, en toute confiance, soumettre à votre signature le décret ci-joint, portant approbation du projet de caisse de retraite présenté par l'Administration des chemins de fer de l'État.

Veuillez agréer, Monsieur le Président, l'hommage de mon respectueux dévouement.

Le Ministre des Travaux publics,

CH. HÉRISSON.

DÉCRET.

Le Président de la République française,

Sur le rapport du Ministre des Travaux publics ;
Vu la loi du 18 mai 1878, relative aux chemins de fer de l'État ;
Vu les deux décrets en date du 25 mai 1878, concernant l'organisation administrative et financière desdits chemins,

Décrète :

Article premier. Est approuvé le projet de règlement présenté par l'Administration des chemins de fer de l'État pour l'institution d'une caisse de retraite en faveur des agents et employés commissionnés de son réseau.

Art. 2. Les dispositions de ce règlement sont applicables à partir du 1er janvier 1883.

Art. 3. Le Ministre des travaux publics est chargé de l'exécution du présent décret, qui sera inséré au *Bulletin des lois.*

Fait à Paris, le 13 janvier 1883.

Jules GRÉVY.

Par le Président de la République.

Le Ministre des Travaux publics,

Ch. Hérisson.

CHEMINS DE FER DE L'ÉTAT.

INSTITUTION D'UNE CAISSE DE RETRAITE.

RÈGLEMENT.

TITRE PREMIER.

INSTITUTION ET DOTATION DE LA CAISSE DES RETRAITES.

Article premier. Une caisse des retraites est instituée par l'Administration des chemins de fer de l'État pour les employés faisant partie du personnel commissionné de tous ses services.

Art. 2. La dotation de la caisse des retraites est formée :

1° En ce qui concerne les employés et agents payés à l'année par une retenue de 5 p. o/o opérée mensuellement sur le traitement fixe, par une retenue du douzième du même traitement lors de la première nomination ou dans le cas de réintégration, et du douzième de toute augmentation ultérieure ;

2° En ce qui touche les ouvriers payés à l'heure, par une retenue de 5 p. o/o opérée mensuellement sur le salaire fixe, calculé à raison de 250 heures de travail par mois, par une retenue d'un mois de salaire calculée de la même manière, lors de la première nomination ou dans le cas de réintégration, et par une retenue du douzième de toute augmentation ultérieure également calculée de la même manière. Un délai de deux ans pourra être accordé à ces ouvriers pour compléter le versement du premier douzième ;

3° Par une subvention de l'Administration égale à la retenue de 5 p. o/o exercée sur les traitements ou salaires et qui sera versée à ladite caisse aux mêmes époques que cette retenue ;

4° Par les produits des placements de fonds de la caisse ;

5° Par les dons à titres divers ou les subventions supplémentaires qui pourraient être fournies par l'Administration ;

6° Par le reliquat des amendes infligées au personnel commissionné et qui n'aurait pas été distribué en secours au 31 décembre de l'année à laquelle ces amendes se rapportent.

ART. 3. Les retenues exercées conformément aux paragraphes 1 et 2 de l'article précédent, et qui sont obligatoires pour tout le personnel commissionné, seront inscrites au compte respectif de chaque agent.

Ces retenues lui seront restituées, sans intérêts, dans les cas prévus par les articles 8, 9 et 10 ci-après ou seront *remises à sa veuve ou à ses enfants*, s'il est décédé en fonctions avant cinquante ans d'âge et vingt ans de service.

TITRE II.

CONDITIONS DU DROIT À LA PENSION DE RETRAITE. — LIQUIDATION DES PENSIONS.

ART. 4. Pour avoir droit à la pension de retraite, tout agent de l'Administration des chemins de fer de l'État doit avoir cinquante-cinq ans d'âge et vingt-cinq ans de service.

ART. 5. La pension de retraite est basée sur la moyenne des traitements soumis à la retenue dont l'agent aura joui, soit pendant les six dernières années, soit pendant toute la durée de ses services, si ce dernier décompte lui est plus avantageux.

ART. 6. Tout agent remplissant les conditions d'âge et de durée de service fixées à l'article 4 ci-dessus aura droit à une pension égale à la moitié de son traitement moyen établi d'après les bases indiquées à l'article 5.

Cette pension sera augmentée de 1/50° du traitement moyen par chaque année excédant vingt-cinq ans de service.

Le maximum de la pension de retraite est fixé aux trois quarts du traitement moyen des six dernières années, sans que ce maximum puisse dépasser 6,000 francs.

ART. 7. Le conseil d'administration a le droit de mettre à la retraite, d'office, les employés qui ont atteint les limites d'âge et de durée de service fixées à l'article 4.

De son côté, tout employé ayant atteint les limites d'âge et de durée de service peut demander sa mise à la retraite et faire liquider sa pension

ART. 8. Les agents qui seront réformés en raison d'infirmités contractées par suite de leurs fonctions, avant d'avoir réalisé les conditions d'âge et de durée de service fixées par l'article 4, auront droit à une pension de retraite s'ils ont atteint cinquante ans d'âge et vingt ans de service.

Cette pension sera égale à celle qu'ils auraient obtenue d'après l'article 6, diminuée de 1/50° par année de service et de 1/50° par année d'âge en moins.

Pour les mécaniciens, chauffeurs et autres agents des trains qui seront dans l'incapacité de faire aucun service après cinquante ans d'âge et vingt ans de

service, la liquidation de leur pension sera faite
comme s'ils avaient cinquante ans d'âge et vingt-
cinq ans de service.

Les agents réformés avant cinquante ans d'âge
et vingt ans de service n'auront droit qu'à la restitution de leurs retenues, sans intérêts.

ART. 9. N'ont également droit qu'à la restitution
de leurs retenues, sans intérêts, les agents démis-
sionnaires ou révoqués.

ART. 10. Au moment de la liquidation de sa pension, l'agent qui en fera la demande pourra retirer
le capital des retenues qu'il aura versées à la caisse
des retraites.

Dans ce cas, le montant de la pension qui lui est
attribuée par les articles 6 et 8 sera réduit de moitié.

ART. 11. Pour la liquidation des pensions de retraites, la durée des services est comptée par année
et par mois et calculée du premier jour du mois qui
suit la date du commissionnement par le conseil
d'administration au premier jour du mois pendant
lequel la retraite est prononcée et à partir de vingt
ans d'âge.

En ce qui concerne les agents qui, pour obéir à
la loi du recrutement, quitteront leurs fonctions et
y seront réintégrés après l'expiration du temps de
service militaire obligatoire, les années passées sous
les drapeaux seront comptées comme années de service dans l'Administration des chemins de fer de
l'État, à la condition de verser pour lesdites années
la retenue de 5 p. o/o sur le montant du traitement
dont ils jouissaient à leur départ.

ART. 12. La pension de retraite de l'agent est reversible par moitié sur la tête de la veuve ou de ses
enfants mineurs ayant moins de dix-huit ans.

La veuve ou les enfants n'auront droit à l'application de la clause précédente que si le mariage de

l'agent a eu lieu trois années au moins avant la liquidation de sa pension de retraite.

Le droit à pension n'existe pas, pour la veuve,
dans le cas de séparation de corps prononcée sur la
demande du mari.

La part reversible sur les enfants est partagée
entre eux par égales portions et payée à chacun
d'eux jusqu'à l'âge de dix-huit ans, sans que la part
d'un enfant soit reversible sur les autres.

S'il existe, avec la veuve, des orphelins nés d'un
mariage antérieur, il sera prélevé en leur faveur,
sur la pension attribuée à la veuve, un quart de
ladite pension s'il y a un seul orphelin, et moitié
s'il y en a plusieurs.

La part de la pension ainsi attribuée aux enfants
mineurs sera reversible sur la tète de la veuve quand
les mineurs auront atteint l'âge de dix-huit ans, ou
s'ils décèdent avant cette époque.

Au décès d'une femme retraitée comme employée
commissionnée des chemins de fer de l'État, la
moitié de la pension qui lui était servie en cette
qualité sera reversée sur ses enfants légitimes âgés
de moins de dix-huit ans. Le mari ne pourra ré-
clamer aucune part de la pension accordée à sa
femme.

ART. 13. Lorsqu'un agent décédera dans l'exercice
de ses fonctions, après cinquante ans d'âge et vingt
ans de service, cet agent sera considéré comme
ayant été mis d'office à la retraite et sa veuve ou
ses enfants mineurs auront droit, dans les conditions
de l'article précédent, à la partie reversible de la
pension qui lui aurait été attribuée conformément
aux deux premiers paragraphes de l'article 8 ci-
dessus.

TITRE III.

DISPOSITIONS TRANSITOIRES.

ART. 14. Les dispositions du présent règlement
sont obligatoires pour tous les agents commis-

sionnés qui, au 1ᵉʳ janvier 1883, seront âgés de moins de trente ans.

Ils seront tenus, en conséquence, de verser le douzième du traitement dont ils jouiront à cette époque et de subir à partir de cette date les autres retenues prescrites par l'article 2.

Les agents commissionnés qui, à la même date du 1ᵉʳ janvier 1883, auront dépassé l'âge de trente ans, seront admis à bénéficier de l'institution de la caisse des retraites à la condition de verser également le premier douzième de leur traitement, et de subir, à partir de la mise à exécution du règlement, les retenues prescrites par l'article 2.

Il sera accordé aux agents visés dans les deux paragraphes qui précèdent un délai de deux ans pour compléter le versement du premier douzième.

La liquidation de la retraite pourra, exceptionnellement, en ce qui concerne ces derniers agents, être faite en leur faveur au bout de cinquante-cinq ans d'âge, quel que soit d'ailleurs leur nombre d'années de service; cette liquidation sera opérée sur les bases déterminées par le présent règlement, sous déduction de $1/25^e$ de la pension normale par chaque année manquant pour obtenir la limite de vingt-cinq ans.

Lorsque ces agents continueront leurs services au delà de cinquante-cinq ans, chaque année en plus leur donnera droit au $1/50^e$ de leur traitement moyen des six dernières années jusqu'à concurrence de vingt-cinq ans de service. Au delà de soixante ans d'âge, la portion dont les agents pourront augmenter leur pension de retraite en restant au service ne sera plus que de $1/60^e$ par an.

Les dispositions relatives à la mise à la réforme ou à la reversibilité des pensions sur la tête des veuves et des orphelins seront, dans les conditions des articles 12 et 13 ci-dessus, applicables aux agents qui font l'objet du paragraphe qui précède.

Les agents âgés de plus de trente ans qui voudront profiter du bénéfice de la caisse des retraites
devront faire connaitre leur intention avant le
1ᵉʳ juillet 1883. Les dispositions du présent règlement leur seront néanmoins applicables à partir du
1ᵉʳ janvier de la même année.

Les livrets pris à la caisse des retraites de la vieillesse au nom des agents commissionnés, subissant
les retenues prescrites par l'ordre général n° 39,
seront remis aux ayants droit.

Aʀᴛ. 14 *bis*. Les dispositions du règlement de la
caisse de retraite des agents et employés commissionnés des chemins de fer de l'État, approuvé par
décret du 13 janvier 1883, sont obligatoires pour les
poseurs de la voie et les hommes d'équipe de l'exploitation qui, au 1ᵉʳ janvier 1888, étaient âgés de
moins de trente ans; elles leur seront applicables à
partir du 1ᵉʳ octobre 1888.

Ils seront tenus, en conséquence, de verser le
douzième du traitement dont ils jouiront à cette
époque et de subir, à partir de cette date, les autres
retenues prescrites par l'article 2.

Les poseurs de la voie et les hommes d'équipe de
l'exploitation commissionnés qui, à la même date
du 1ᵉʳ janvier 1888, avaient dépassé l'âge de trente
ans, seront admis à bénéficier de l'institution de la
caisse des retraites à la condition de verser également le premier douzième de leur traitement et de
subir, à partir de l'époque à laquelle le règlement
leur sera applicable, les retenues prescrites par l'article 2 dudit règlement.

Il sera accordé aux agents visés dans les deux paragraphes qui précèdent un délai de deux ans pour
compléter le versement du premier douzième.

La liquidation de la retraite pourra, exceptionnellement, en ce qui concerne ces derniers agents,
être faite en leur faveur au bout de cinquante-cinq
ans d'âge, quel que soit, d'ailleurs, leur nombre

d'années de service; cette liquidation sera opérée sur les bases déterminées par le présent règlement, sous déduction de 1/25° de la pension normale par chaque année manquant pour obtenir la limite de vingt-cinq ans.

Lorsque ces agents continueront leurs services au delà de cinquante-cinq ans, chaque année en plus leur donnera droit au 1/50° de leur traitement moyen des six dernières années, jusqu'à concurrence de vingt-cinq ans de service. Au delà de soixante ans d'âge, la portion dont les agents pourront augmenter leur pension de retraite en restant au service ne sera plus que 1/60° par an.

Les dispositions relatives à la mise à la réforme ou à la reversibilité des pensions sur la tête des veuves et des orphelins seront, dans les conditions des articles 12 et 13 ci-dessus, applicables aux agents qui font l'objet du paragraphe qui précède.

Les poseurs de la voie et les hommes d'équipe de l'exploitation âgés de plus de trente ans qui voudront profiter du bénéfice de la caisse des retraites devront faire connaître leur intention avant le 31 juillet 1888. En ce cas, les dispositions du présent règlement leur seront applicables à partir du 1er octobre de la même année.

Les livrets pris à la caisse des retraites de la vieillesse au nom des agents commissionnés, subissant les retenues prescrites par l'ordre général n° 39, seront remis aux ayants droit.

TITRE IV.

GESTION ET ADMINISTRATION DE LA CAISSE DES RETRAITES.

ART. 15. Le conseil d'administration des chemins de fer de l'État statue sur toutes les questions auxquelles peut donner lieu la liquidation des pensions de retraite.

Le conseil d'administration est investi des pouvoirs les plus étendus pour la gestion de la caisse des retraites. Il autorise les acquisitions et les aliénations de valeurs mobilières ou immobilières pour le compte de ladite caisse. Il nomme, chaque année, une commission de cinq membres, choisis : trois parmi les administrateurs des chemins de fer de l'État, et deux parmi les agents intéressés.

Il délègue à cette commission tout ou partie de ses pouvoirs. Toutefois, les acquisitions et les aliénations de valeurs mobilières et immobilières doivent être soumises à l'approbation du conseil d'administration.

Tous les actes faits en exécution des décisions du conseil ou de la commission sont signés par le président de ladite commission.

ART. 16. La commission rend compte au conseil d'administration, à la fin de chaque exercice, des opérations et de la situation de la caisse des retraites.

CONVENTION du 6 mars 1884 entre la Compagnie d'Orléans et l'Administration des chemins de fer de l'État, réglementant les pensions de retraite du personnel échangé.

___

CONVENTION

Par suite des échanges de lignes qui sont la conséquence de la Convention conclue entre le Gouvernement et la Compagnie du chemin de fer de Paris à Orléans, et approuvée par la loi du 20 novembre 1883, une partie du personnel de cette compagnie doit passer au service de l'Administration des chemins de fer de l'État, réciproquement, une partie du personnel de cette dernière administration doit passer au service de la Compagnie du chemin de fer de Paris à Orléans. Les pensions de retraite du personnel ainsi échangé seront réglées de la manière suivante, de façon à respecter les droits ou titres acquis en vertu des règlements en vigueur dans chacune des deux administrations :

Article premier. — Les agents de la Compagnie du chemin de fer de Paris à Orléans qui resteront attachés au service de l'Administration des chemins de fer de l'État auront leur retraite liquidée conformément au règlement de la caisse des retraites des Chemins de fer de l'État, approuvé par décret du 13 janvier 1883, en tenant compte, pour cette liquidation, du temps passé au service de la Compagnie d'Orléans.

Réciproquement, les agents de l'Administration des chemins de fer de l'État qui resteront attachés au service de la Compagnie d'Orléans auront leur retraite liquidée conformément aux règles appliquées par la Compagnie d'Orléans.

Art. 2. Chaque administration prendra à sa charge une part de la retraite totale, proportionnelle à la fois au temps passé par l'agent à son service et au traitement moyen des six dernières années passées dans chacune d'elles.

La part à la charge de la Compagnie du chemin de fer de Paris à Orléans sera calculée d'après la formule suivante :

$$r = \frac{ma}{ma + nb} R$$

dans laquelle m représente le nombre d'années passées au service de la Compagnie d'Orléans; n, le nombre d'années passées au service des Chemins de fer de l'État; a, le traitement moyen des six dernières années à la Compagnie d'Orléans; b, le traitement moyen des six dernières années aux Chemins de fer de l'État et R, la retraite totale; d'où r = la part de cette retraite, à la charge de la Compagnie.

La retraite r à la charge des Chemins de fer de l'État sera alors calculée d'après la formule suivante :

$$r = \frac{nb}{ma + nb} R$$

Pour ceux des agents qui, à l'époque de leur entrée à l'Administration des chemins de fer de l'État, compteront moins de six années de services à la Compagnie du chemin de fer de Paris à Orléans, le traitement moyen a indiqué dans la formule ci-dessus sera remplacé par le traitement moyen des années de services effectifs à cette compagnie.

Pour ceux de ces agents qui, au moment de leur mise à la retraite, compteront moins de six années de services à l'Administration des chemins de fer de l'État, le traitement moyen b indiqué dans la formule ci-dessus sera remplacé par le traitement moyen des six dernières années de services effectifs, sans distinction d'administration.

Réciproquement, les mêmes règles seront appliquées aux agents qui passeront de l'Administration des chemins de fer de l'État au service de la Compagnie d'Orléans.

Les titres à la pension de retraite des agents qui passent des Chemins de fer de l'État à la Compagnie d'Orléans n'ayant commencé à courir qu'à partir du 1er janvier 1883, le traitement moyen des six dernières années sera remplacé, dans les formules prévues ci-dessus, par le traitement fixe que ces agents recevaient à l'Administration des chemins de fer de l'État pendant l'année unique de service qui leur comptait pour la retraite.

ART. 3. Les pensions ou indemnités de réforme des agents réformés avant d'avoir réalisé les conditions d'âge ou de durée de services fixées pour acquérir le droit à la retraite seront réglées ou réparties d'après les mêmes bases, entre les deux administrations.

Les pensions ou indemnités de réforme, ainsi que les droits des veuves et des enfants des agents de l'Administration des chemins de fer de l'État passés au service de la Compagnie du chemin de fer de Paris à Orléans, seront également liquidés d'après les règles adoptées par cette compagnie.

ART. 4. Le règlement de l'Administration des chemins de fer de l'État ayant admis au bénéfice de la caisse des retraites les agents commissionnés qui, au 1er janvier 1883, étaient âgés de plus de trente ans, et lui en ont fait la demande, la Compagnie du chemin de fer de Paris à Orléans s'engage à appliquer *exceptionnellement* à ceux de ces agents passés à son service les dispositions transitoires du titre III, article 14, du règlement des Chemins de fer de l'État.

La répartition des charges entre les deux administrations sera calculée conformément aux règles fixées par l'article 2 du présent traité.

ART. 5. En ce qui concerne les veuves et les enfants des agents décédés, soit en activité de service, soit après leur mise à la retraite, leurs droits seront régis pour les années passées au service de l'État par les articles 12 et 13 du règlement des Chemins de fer de l'État, et pour les années passées au service de la Compagnie d'Orléans il leur sera fait application des règles en vigueur dans cette compagnie.

ART. 6. La Compagnie d'Orléans ayant fait des versements annuels à la Caisse des retraites pour la vieillesse au profit de chacun de ses agents, la rente produite par le livret de chaque agent, lors de la liquidation de sa retraite, sera déduite du montant de la partie de la pension à servir par la Compagnie d'Orléans.

Le service de la pension totale (pensions et indemnités de retraites ou de réformes), déduction faite de la rente servie par la Caisse des retraites pour la vieillesse, sera effectué envers le titulaire de cette pension par celle des deux administrations à laquelle l'agent aura appartenu en dernier lieu, chacune des administrations ne contractant d'ailleurs d'autre engagement que celui qui résulte de son règlement particulier.

Les deux administrations se tiendront compte respectivement, par trimestre, de la part leur incombant dans la pension totale.

Paris, le 6 mars 1884.

*Le Directeur de la Compagnie
du chemin de fer
de Paris à Orléans,*

Signé : MANTION.

*Le Directeur des Chemins de fer
de l'État,*

Signé : GAUCKLER.

Approuvé par le Conseil d'administration des Chemins de fer de l'État dans ses séances des 6 mars et 29 mai 1884.

Approuvé par décisions ministérielles en date des 16 mars et 26 juillet 1884.

AVENANT À LA CONVENTION

du 6 mars 1884.

Entre la Compagnie du chemin de fer de Paris à Orléans, dont le siège est à Paris, place Walhubert,

D'une part;

Et l'Administration des chemins de fer de l'État dont le siège est à Paris, rue de Châteaudun, 42.

D'autre part;

Il a été convenu ce qui suit :

L'article 6 de la convention du 6 mars 1884 est abrogé et remplacé par les dispositions suivantes ;

En ce qui concerne les agents cédés par la Compagnie d'Orléans aux Chemins de l'État, la Compagnie d'Orléans ayant fait des versements annuels à la Caisse des retraites pour la vieillesse au profit de chacun de ses agents, la rente produite par le livret de chaque agent, lors de la liquidation de sa retraite, sera déduite du montant de la partie de la pension à sa charge, et le service de la pension totale (*pensions et indemnités de retraites ou de réformes*) sera effectué envers le titulaire de cette pension par la Compagnie d'Orléans.

L'administration des chemins de fer de l'État tiendra compte par trimestre à la Compagnie d'Orléans de la part lui incombant dans la pension totale de ces agents, ainsi que de la part lui incombant dans la pension des agents passés au service de la Compagnie d'Orléans et mis à la retraite par celle-ci.

Paris, le 12 juillet 1887.

Approuvé par le Conseil d'administration des Chemins de fer de l'État, dans sa séance du 20 juillet 1887.

Approuvé par décision ministérielle en date du 23 mars 1888.

DÉCRET

du 9 juillet 1888 admettant au bénéfice de la Caisse de retraites les poseurs de la voie et les hommes d'équipe de l'Exploitation.

LE PRÉSIDENT DE LA RÉPUBLIQUE FRANÇAISE ;

Sur le rapport du Ministre des travaux publics,

Vu la loi du 18 mai 1878, relative aux chemins de fer de l'État ;

Vu les deux décrets en date du 25 mai 1878 concernant l'organisation administrative et financière desdits chemins ;

Vu le décret du 13 janvier 1883 et le règlement y annexé, portant création d'une Caisse de retraite en faveur des agents et employés faisant partie du personnel *commissionné* de tous les services du réseau de l'État ;

Considérant qu'aux termes de l'Ordre général n° 277 du 24 mai 1888, approuvé par le Conseil d'administration des Chemins de fer de l'État, les poseurs de la voie et les hommes d'équipe de l'exploitation font partie du personnel *commissionné* de ladite administration auquel s'appliquent, nécessairement, les dispositions du règlement de la Caisse des retraites ci-dessus mentionné,

DÉCRÈTE :

ART. 1er.

Il sera ajouté au règlement annexé au décret susvisé du 13 janvier 1883, relatif à l'institution d'une Caisse de retraite en faveur des agents et employés commissionnés des Chemins de fer de l'État, un article 14 *bis* ainsi conçu :

(« § 1er.) Les dispositions du règlement de la Caisse de retraite des agents et employés commissionnés des Chemins de fer de l'État, approuvé par décret du 13 janvier 1883, sont obligatoires pour les poseurs de la voie et les hommes d'équipe de l'exploitation qui au 1ᵉʳ janvier 1888 étaient âgés de moins de trente ans ; elles leur seront applicables à partir du 1ᵉʳ octobre 1888 ; »

(« § 2.) Comme au paragraphe 2 de l'ancien article 14 ; »

(« § 3.) Les poseurs de la voie et les hommes d'équipe de l'exploitation commissionnés qui, à la même date du 1ᵉʳ janvier 1888, avaient dépassé l'âge de trente ans, seront admis à bénéficier de l'institution de la Caisse des retraites à la condition de verser également le premier douzième de leur traitement et de subir, à partir de l'époque à laquelle le règlement leur sera applicable, les retenues prescrites par l'article 2 dudit règlement ; »

(« § 4, 5, 6 et 7.) Comme aux paragraphes correspondants de l'ancien article 14. »

(« § 8.) Les poseurs de la voie et les hommes d'équipe de l'exploitation âgés de plus de trente ans qui voudront profiter du bénéfice de la Caisse des retraites devront faire connaître leur intention avant le 31 juillet 1888. En ce cas, les dispositions du présent règlement leur seront applicables à partir du 1ᵉʳ octobre de la même année. »

(« § 9.) Comme au paragraphe 9 de l'ancien article 14. »

ART. 2.

Le Ministre des Travaux publics est chargé de l'exécution du présent décret, qui sera inséré au *Bulletin des lois.*

Fait à Paris, le 9 juillet 1888.

Signé : CARNOT.

Par le Président de la République :

Le Ministre des Travaux publics,

Signé : D. MONTAUD.

DÉCRET.

LE PRÉSIDENT DE LA RÉPUBLIQUE FRANÇAISE,

Sur le rapport du Ministre des travaux publics;

Vu la loi du 18 mai 1878 relative aux Chemins de fer de l'État;

Vu les deux décrets, en date du 25 mai 1878, concernant l'organisation administrative et financière desdits chemins;

Vu le décret du 13 janvier 1883 et le règlement y annexé, portant création d'une caisse de retraite en faveur des agents et employés faisant partie du personnel commissionné de tous les services du réseau de l'Etat;

Considérant qu'aux termes d'une délibération du Conseil d'administration des Chemins de fer de l'État, en date du 30 avril 1891, les ouvriers peuvent être appelés à faire partie du personnel commissionné de cette administration auquel s'appliquent nécessairement les dispositions du règlement de la caisse des retraites ci-dessus visé,

DÉCRÈTE :

ARTICLE PREMIER.

L'article 2 du règlement du 13 janvier 1083 sera modifié ainsi qu'il suit :

ART. 2. La dotation de la Caisse des retraites est formée :

1° En ce qui concerne les employés et agents payés à l'année, par une retenue de 5 p. o/o opérée mensuellement sur le traitement fixe, par une retenue du douzième du même traitement, lors de la première nomination ou dans le cas de réintégration, et du douzième de toute augmentation ultérieure;

2° En ce qui touche les ouvriers payés à l'heure par une retenue de 5 p. o/o opérée mensuellement sur le salaire fixe, calculé à raison de 250 heures de travail par mois, par une retenue d'un mois de salaire calculé de la même manière, lors de la première nomination ou dans le cas de réintégration, et par une retenue du douzième de toute augmentation ultérieure également calculée de la même manière. Un délai de deux ans pourra être accordé à ces ouvriers pour compléter le versement du premier douzième;

3° Par une subvention de l'Administration égale à la retenue de 5 p. o/o exercée sur les traitements ou salaires et qui sera versée à ladite caisse aux mêmes époques que cette retenue;

4° Par les produits des placements de fonds de la caisse;

5° Par les dons à titres divers ou les subventions supplémentaires qui pourraient être fournies par l'Administration;

6° Par le reliquat des amendes infligées au personnel commissionné et qui n'aurait pas été distribué en secours au 31 décembre de l'année à laquelle ces amendes se rapportent.

ART. 2.

Toutes les dispositions du règlement du 13 janvier 1883 qui concernent les employés et agents commissionnés des Chemins de fer de l'État sont applicables de plein droit et sans restriction aux ouvriers commissionnés de cette administration.

ART. 3.

Le Ministre des Travaux publics est chargé de l'exécution du présent décret, qui sera inséré au *Bulletin des lois*.

Fait à Paris, le onze juin mil huit cent quatre-vingt-onze.

Signé : CARNOT,

Par le Président de la République :
Le Ministre des Travaux publics,
Signé : YVES GUYOT.